JN438376

감사해요 동전들

국립중앙도서관 출판시도서목록(CIP)

감사해요 동전들 : 김영수 시집 / 지은이: 김영수 . --
서울 : 詩와에세이, 2014
144P. : 127×206㎝

ISBN 978-89-92470-96-4 03810 : ₩8000

한국 현대시[韓國現代詩]

811.7-KDC5
895.715-DDC21 CIP2014026486

감사해요 동전들

김영수 시집

詩와에세이
2014

차례__

제1부

제2부

제3부

제4부

제1부

진경산수

어두운 전봇대 밑
불 나간 형광등처럼 진경산수가 버려져 있다
계곡 사이로 난 길이 초당까지 내려와 비 맞고 있다
향기 그윽한 화단에 도라지꽃이 더하고
벌들이 웅웅거리며 계절을 넘는데
노송이 어우러진 초당에
선비는 치던 난을 잠시 접고 거문고 현을 고른다
바람 불고 빗줄기는 점점 더 심해진다
뱃길 따라 농현은 실려 떠나고 돌아올 줄 모른다
토란잎 이고 조무래기들 몇 달려오는데
안개 걷힌 실버들에 달랑거리는 웃음들
아직 끝나지 않고 어두워서 서먹한데
소 몰고 훙얼거리며 논에서 돌아오는 촌로
솔밭 사이로 흐르는 세월에 풀내음 한 곡조 실어보면
늙어도 한참 늙은 그믐이 마중 나와 비 맞고 있다

간절기

말라비틀어진 내 방의 화분들은 아직 계절을 모르고
혼자 내뱉은 말들은 어디에 박힐지 몰라 공중을 빙빙 도네요
두꺼운 잡지 속 얇은 옷차림의 모델들이 봄을 걸어가고
그것을 따라 입는 독자들도 방을 박차네요
화분 위에는 겨울비 오고 흥건히 고여 내 모습이 피네요
시계 속 뻐꾸기는 목 쉬어 천천히 울고
머리칼에 찔러 넣은 두 손에 힘을 준다 해도
달력은 넘어가고 모서리의 먼지들은 쌓여가네요
먹다 만 빵 봉지들이 부스럭거려요
내가 밟은 것처럼 발이 저려요
아무리 정색을 해도 시든 꽃들은 쓴 웃음처럼 보이고요
말이 되지 못한 시늉들은 곰팡이처럼 온 벽에 커 올라요
언제나 방안은 제각기 주인들로 가득하네요

오래도록 울리는 전화기를 곁에 두고 나는 창밖을 보네요
희미한 벽지의 꽃무리처럼 내 맘속의 화원

지금쯤 새싹을 마중해 잎을 틔워요
바람도 예쁜 새들도 거느려 봄을 만들고 손짓하며 나를 청하네요
보는 것마다 다 알 것 같은 이름들을 되뇌이며 나는 걸어도 가봐요
길이 어디로 풀려있나요
안다면 영원히 울지도 않고 귀 기울여 봄을 들어볼 텐데
노랫소리 들리는 봄 길은 왠지 내 것이 아닌 것 같아요
이 계절을 누가누가 가는지 자꾸 물어보고 싶지만
내 입속은 아직 얼어있네요
굳게 닫힌 빗장을 열고 화분을 다 쏟아버리고
시계 약을 갈아도 내 방은 해동을 않네요
아 봄이 이만큼 와서 큰일입니다

감사해요 동전들

그는 자갈치 해역을 지나는 한 마리 물고기
가쁜 숨을 죽이며 코앞에 있는 바닥으로
납작한 생을 천천히 젓는 저녁
아랫배 욕창을 참으며 가는 물길은
언제나 거세고 쉴 곳은 없다

바구니로 떨어지는 동전소리
진저리치듯 고개를 비틀어 올리는 것이
감사의 표시임을 사람들은 모르고 지나간다
토르소 같은 몸에 꽂히는 따가운 시선을 털며
먹이로 받는 한 푼 한 푼에 울컥 목젖이 잠긴다
오래도록 절여진 시커먼 바다는
펄떡거리는 희망 하나 키우지 못한 채
슬며시 그를 감추고

새 모퉁이를 돌고 돌지만 파장의 어둠은 그보다 앞서고
이제 더 밀어 닿을 따뜻한 연안은 없다
감추고 싶은 신음소리 하얀 비늘로 떨어지고

수북해도 바닥인 동전 몇 개 껴안고
축축한 저녁은 혼자 서성이는데
아무도 없는 얼음 창고 뒤편
잘린 손에 얼굴을 묻으러
그는 설잠을 누인다

개들의 묵상

언어를 잃어버린 종족처럼 개는
알 듯 모를 듯한 미소로 당신에게 인사를 건넨다
웃음은 다가왔다 되돌아가지만 당신은 받지 않는다
무거운 표정에는 빽빽한 콩 시루처럼 당신이 들어차 있고
긴 뿌리를 키우고 있는 어둠이 있다
하루가 풀리지 않는 목줄이라고 느낄 때
개는 당신에게 웃음을 접붙이고 있다

세간의 충성은 바보들의 훈장으로 전락한 지 오래지만
개는 오늘도 그 길을 뒤진다
당신이 서약하던 세상에 변변한 보상은 없고
변두리로 돌던 바람도 곧 철거된다
당신이 실린 눈빛에 응고되곤 하던 개들의 묵상
노인과 개들의 소유가 뒤바뀌곤 하던 양지쪽 담벼락에서
충성이 먹히는지 상대의 표정을 훔쳐보던 당신
얼굴에 그 훔친 표정이 겹치는지 모르는 당신

개는 돌아다니는 표정을 먹지 않는다

개와 마주한 창밖의 불빛은 개보다 더 눅눅하고 쓸쓸해
진다
기척도 없이 방안엔 누가 하루를 풀어헤치고 있다
울고 웃고 포개지는 표정들은 언제나 망설임의 차지
뒤엉켜 꼼짝 못하는 표정을 개는 아는 듯 서성인다

불은 꺼질 줄 모르고 개는 어둠을 자꾸 외면하고 있다
세간을 다 버린 집 한 채 개를 누인다

계절 지나며

풀들은 이슬이 가는 길을 안다
하늘은 낮달이 미끄러지는 소리를 안다
바라보는 이들을 위해
계절은 한참을 기다릴 줄 안다

두루마리 휴지처럼 풀려나와
계절을 옮기는 하루하루는 아름다웠다
여름 가득 날아가는 바람에
스스럼없이 물든 꽃잎
아침보다 환한 풀잎 둘레로
밀어 올린 대궁은 한낮 가운데
부표처럼 흔들린다
연둣빛 줄기에 기대 손차양으로 보는 낮달
낮달을 잡으러 새들이 솟아오른다
하루의 표정들이 새를 풀고 당기는
빛살 속으로 익숙하게 스미고
사람들은 짙어가는 그림자 몇 개
부지런히 거두어갈 뿐

각패 쥔 꾼처럼 거기 흘러가던 길들은
애써 모습을 지우지만
눈빛 흐리며 끝내 계절에 잠기는
그리움이 있다
길이 끝나 내려서는 이슬처럼
사람들은 언제나 노을로
미끄러져 갈 뿐인데
낡은 계절마다 쌓인 눈빛은
복기를 하러 오는 통에
하루하루는 자벌레처럼 걸어오는 낮달이
미행하는 줄도 모르고
또 서러운 밤길을 깔고 있다

고대전시관 앞에서

원 삼국시대, 압독국 장수 억대가
높이 치켜들었던 세형청동검
준엄하고도 예리한 칼끝은 제국의 표상처럼
역도들의 목을 동강 내고야 피를 닦았다
언제나 압량벌의 첨병이었으며
그 도렷한 칼날의 명리는 계속되었다 한다

설화들이 빠져나간 자리에는
죽지도 못하는 검붉은 녹들이 피어있었다
철제투구와 검은 토기의 술잔들
자주색 벨벳 천 위에 놓여있는 세형청동검을 보며
이제는 놓아버리고 싶은 검의 숨결이
어떤 기원의 편린처럼 불빛 속에서 아롱이고 있었다
그것은 영원히 시간의 겹을 감고 조용함을 고르는 듯
거뭇거뭇 지워지지 않는 유묵(遺墨)이었다
스스로 보중(保重)했던 시간들을 갈아 만든 먹으로
몸을 실은 무수한 기합들이 난무하는 칼부림 장을 지나
한잔의 뜨거운 술을 뿜어 피를 씻어야 했던 웅전과

가쁜 숨을 자르고 빛나는 명리마저 꺾고
애이불상 누워있는 세형청동검을
단호하고도 애절하게 써내려간 필적이었다

고령

내 나이 스무 살 때쯤
고령에서 운수면 선듬* 걸어가다 한 가겟집
방문이 열려있어 안을 들여다보게 되었는데
순이 언니가 나를 업은 추억이 살고 있었네
방안에는 칭얼거리는 울음이 나를 기다리고
검붉은 복사꽃과 봉황도 예쁜 요대기가
그동안 누굴 덮어주었는지 주글주글 널려있었네

처마 밑 반쯤 허물어진 제비집마냥
추억은 떠듬거리며 다가오네
순이 언니 긴 머리 잘라 엿 사 먹으라며
나에게 쥐여주고 껑충한 머리 뒤로한 채
어느 밤 떠나가고 나는 낮에 산 엿을
숨겨놓고 달게도 빨았네
감꽃이 슬레이트 지붕 위로 수없이 날리고
언니 떠나간 하얀 신작로 밤새워 보고 앉았노라면
순이 언니 잠결에 찾아와 등을 빌려주었네

무등을 타고 놀았네
언니의 맨살은 번갈아가며 볼 부벼도
까끄랍지 않아 좋았네
감 떨어지는 소리에 놀라 잠 깨면 언니는 간데없고
요대기에는 홍건한 눈물 자국
추억이 울먹이다 나를 껴안네
그 언니 어느 날 조카가 생겼다며
더 이상 오지 않았고 가벼운 풀씨처럼 나도
어디 몸 맡기지 못하고 고령 등졌네
맨들맨들 문지방이 다 닳도록
순이 언니 나 업은 추억만이 그 방 나오지 못했네

* 월산 1리의 옛 지명

구두 굽을 갈며

그렇게 닳고 있는 줄도 모르고
나는 편해져갔다

뒤축이 전하는 먼 바닥의
늠름한 소리를 믿으며
몸속에 쌓인 발자국들을
어디고 흩뿌리며 돌아오던 날
오랜만에 만난 사람들도
작아져 있었다

앙금처럼 갈려 거리를 떠도는
발짓들의 과거
그 위를 밟으며 한때 아우성이던
돌의 뾰족함과 끈질긴 뿌리의 악습에
나는 가파른 호흡을 친다

걸음이 기운다
자꾸 발꿈치를 비껴나는 경사는

내가 쉬운 한쪽으로 쏠리고
그때마다 들어 올리던
발자국은 잘려있었다

권태

그의 말에 나는 슬픔을 골라내고 있었다
자기 말로는 그때 색소폰을 불었다고 했다
창살에 부딪히고 나온 소리의 잔재는
미끄덩한 한 무리 퇴색하려는 담배 연기 같았다
엇갈린 시선들이 어쩌다 창밖 풍경에 같이
박힐 때도 있었다
새들이 놀라 몸을 떨며 날아오르고 있었다
우리는 기다란 궤적을 다 좇아가지 못하고
잠시 허공에 머물렀다
가늘고 긴 손가락이 시선을 거두어들이고 있었다
나는 고개를 들어 우리를 차고 간 매정한
새들을 찾아보았다
내가 앉았던 자리엔 늘어진 시간들이 수북했다

그의 색소폰소리는 튀는 판처럼
한 소절을 계속해 홍얼거리고 있었다
그를 따라 도는 먼 길이 지루했다

글렌 굴드

—음악은 언제나 독재자

파르티타를 연주하는 동안
그는 객석에 있다
맨 뒷좌석에서 흐느적거리는 긴 손가락으로
무대의 피아노를 치고 있다
새벽처럼 조율된 피아노 앞에
그의 손은 분주하다
누군가 떠올리는 풍경에
아침이 번지고 있다

향기로운 항적을 따라가는 객석을
그는 이울고 살리고
피아노의 긍정이 끊임없이 펴진다
재능은 경쾌해지므로
그는 자꾸 입술을 깨문다
오랜 적요를 지나 맞는 풍경
허공에 시든 소리의 끝에
그는 문을 두드리며 아침을 던져넣는다

귀가

밤이어서 좋았다
때 묻은 작업복으로 돌아갈 때면
가로등 불빛만이 슬금슬금 따라올 뿐
어둠은 노곤한 눈빛을 감춰주었다
기억할 만한 일은 없었다
구멍 난 생을 메우듯
종일 몇 개의 나사를 터지지 않게 밀어 넣는 것으로
하루는 지나갔다
속옷에 찬 땀이나 닳아빠진 지문으로도
들뜬 하루가 지나갔다
자동차 불빛이 가끔씩 비칠 때면
버거운 생을 애써 숨기고 있는
초라한 등이 드러났다
뒷모습에는 바쁘게 돌아가는 조립라인도
어느 해 떨어져나간 손가락 두 개도 없었지만
사람들은 용케도 알아보고 말없이 지나쳐갔다
밤을 사는 부나방처럼
미숙한 조립공이 가외로 던져놓은 등외품처럼

나는 어두운 길옆으로 자꾸만 밀려나고 있었다
아무리 애써도 꿈은 커지지 않았고
서툰 귀가는 긴 밤을 놓지 못해 버둥이고 있었다

꽃

지나온 날들이 똑같다고 느낄 때
아스라한 옛날이 제 집처럼 돌아와
지금이 잠시 비껴서 있을 때
꽃은 머물지 않아서 꽃이다

사무치는 거리를 좁혀 다가가면
꽃은 없고 물어물어 찾아오는
목마른 날들만 수북할 때
꽃은 멀어서 꽃이다

혼자서 돋우는 심지에 꽃은 다가오고
말 붙여 화답을 기다리는 동안
오래전 날리던 꽃잎들이 아직 보일 때
꽃은 말하지 않아서 꽃이다

배곯은 아이 눈에도 세월은 쉼 없이 흘러가서
어딘지 모를 저녁을 열고
청하지 않아도 화르르 목젖에 고일 때

꽃은 굳이 부르지 않아도 꽃이다

나사

칠 벗겨진 회색 나사들이
점점이 박혀있다

왜 거기다 정했는지
무엇을 연결하려 했는지는
두꺼운 도장이 쩍쩍 갈라지고
시방서 폐기 연한이 지나도록
아무도 가르쳐주지 않았다

바람이 우루루 흔들어보고 간다
서슬 퍼런 감가상각의 눈빛들도
모든 부위를 오르내린다

매달려 바둥거리는 것들이 살아있다

맞물린 속살의 찰기 따라
비틀려 묻은 발 깊이 따라
이미 내통한 그들은

조이고 조여도 배타적이다

추도시 요강

강물에 시선을 빠트리는 당신과
둥둥 울리는 북소리 옆을 지나는 당신과
추모시의 주인공이었던 당신이
꿈을 이끌고 갑니다

살아온 날들만 경력으로 인정하는
준엄한 공중인들이 있습니다
새들의 발은 언제나 가볍죠
그 장면을 봐야 하는 이유를 공증하는데
당신도 참여했습니다

같이 갔던 상수리나무숲에서 보이던 당신과
당신의 죽음을 모르던 당신과
하고 싶었던 마지막 말을 기억하는 당신과
꿈속에서 시원하게 웃었습니다
순전히 사람들 몫입니다

찬란한 당신은 지금 여기 없습니다

당신이 했던 모든 표현, 그 표현이 사물에 다가가
어루만지며 섞이던 소리와 되돌아오던 좁은 소롯길도
여기 없습니다 당신이 했던 이별도, 방랑도,
당신이 거두어야 할 비명도, 창문틀의 먼지도,
당신을 부르던 우리의 가슴도,
마지막 신음소리까지 다 가져가 버렸습니다
당신의 기념일만 남겨놓은 채

노도 서신

주상 이곳 노도에는 이제 조석으로
바람이 차오니이다
부디 옥체 보전하시어 강건하시고
정사를 보는 혜안을 지키오소서
죄인은 구운몽을 그리다 붓을 놓고
너럭배기 해안을 거니오니다
밀려오는 파도 하나하나가 뭍에서 오는 파발 같아
조용히 눈을 조아리고 다가오는 궁리를 읽어도 보니이
다
남해도 아닌 절해고도로 내치신 까닭을
죄인은 문을 하며 자답한 지가
행적도 없이 사라지는 해무 한나절처럼
이미 오래오니이다
오직 옆에 보이는 깎아지른 단애처럼
그때의 직언은 지금도 변함이 없사옵고
저 단애도 하나 흐트러짐 없이 서 있니이다

어젯밤 꿈을 꾸었니이다

해변에 널브러진 미역 줄거리를 주워 엮다
억하니 용안이 떠올라 하늘을 보오니이다
바람은 예사롭지 않은데
누런 곤룡포 한 자락이 떠서
벽련 포구부터 이곳 큰골 허리등배미까지
비추어 주었니이다
모항으로 돌아가는 배들이 길을 재촉하고
따라가는 새들이 뱃전에 머리를 부딪치고
암초에 나뒹굴었니이다
물결이 뒤집히고 저물어서 돌아온 어부들은
노을 속에서 가슴을 쓸어내리고 있었니이다
주상이 주신 파도옵고, 바람이옵고, 왔다가는
사념이어늘, 멀리 있는 죄인은 풍문과 더불어
불길한 예감에 왠지 궁궐 장문이 덜컹거리는 소리 같아
눈을 감았사오니이다

잠을 깨어 등을 돋우어 서책을 마주해보지만
어젯밤 꿈은 참으로 괴이하여 봉당(封堂) 쪽

사창(紗窓)을 열어 마지막 스러지는 별을 보오니이다
손으로 괘를 짚어 일진을 보지만 사직은 무탈하고
공고하였니이다
앉은뱅이 용쓰듯 생각을 떠나보내니이다
옛글에 귀함은 천함을 뿌리로 삼는다 하매
미천하고 이 우매한 죄인은 한 번이라도
용안을 배알하고 사폐(辭陛)하고 나온다면
여한이 없사오니이다
어둠 속에서도 유배 교지는 빛나고 다 외울듯하여
아 주상의 하명은 사자후 같아서
분연히 일어나 머리를 조아리니이다
오직 다스림에 누(累)가 된지라
형벌을 빌려옴은 이 죄인의 탓이오니이다
해풍에 씻기운 신발은 댓돌에 가지런한데
갓끈 맬 날이 상기도 수상하여
죽소(竹梳)로 머리 정갈히 하여 풍편(風便)이라도 고대하며
함매나 전갈이나 올까 새북(塞北) 하늘 쳐다보며

하염없이 해변에 발 담그고 서 있는 죄인을 보니이다
주상

제2부

모정

강 건너 공단의 불빛은 좀처럼 꺼지지 않았다
삼교대 들어간 엄마는 이 밤도 바지런히
사출 페달을 밟겠다 소반에 두고 간 썽그런 밥덩이
우두려 먹다 억하니 오르는 눈물
컴컴한 방죽에 하얗게 나있는 서그러운 옛길을
따라나서면 그리웠던 순간들이 물 따라 흐르고
말하지 말자고 풀써기들 서걱대는 밤
긴 머리 감는 엄마의 젖가슴에 언제나 귀 묻고
슬픈 타박 네 얘길 듣고 싶었지
목소리 가물가물 눈꺼풀에 덮이고
때때 살 풀 먹인 홑청에 가벼워
꿈도 잠도 없는 밤
불빛은 강 건널 줄 몰라 허적이고
별 꼬리 달고 떨어진 아픈 노래는
지나간 날들을 키만큼 보내고야 부르는 모정
나는 다한 길 돌아오지 못해 어둠 지고 섰고
아침은 오지 않았다

달빛 유저

달에게 로그인하면 난 꼼짝 못해요
파란 달빛이 온통 내 몸을 채우거든요
달빛은 내 슬픔을 아는 듯 모른 채 지나가지만
나는 환해진 슬픔 그 언저리를 하나둘 짚으며
달빛을 털어도 봐요

찔끔거리는 이별은 아무것도 아니죠
달에게 로그인하면 수억 년 묵은 슬픔이
지층처럼 쌓여있어요
내 촉촉한 시선은 그중 하나를 골라 눈을 맞추죠
같이 놀던 애인을 어느 차가운 해변으로
혼자 보내볼까요
쪼개진 사랑이 드센 파도에 밀려
떠다니는 것을 보게도 할까요
비 맞는 상대를 생각하며
찔끔 눈물도 훔쳐야겠죠
혼자 검색하는 슬픔은
언제나 깊고 새록새록 커지는데

달은 독주처럼 나를 적시네요
달이 나를 세우고 제가 내 길을 걸어가네요
제 일처럼 내 울음을 울고 내 상대를 생각하네요
그렇게 슬픔 어린 배역에 충실하네요

달에게 로그인하면
슬픔일랑 그늘에 슬쩍 묻어두고
다른 산등성이로 덥석 옮겨 앉는 달이 있네요

당단풍

장독에 빠트려 굶겨 죽인 동자신 손처럼
허공을 얼마나 긁었던지 저들은 붉다
그 자리를 살아야 할 간절함이라도 있는지
붉음은 색을 견주어가며 지지 않는다

차 창밖으로 내민 손처럼 잎새에는
미처 가지 못한 바람의 길들이 소롯이 쌓이고
길은 잘려서 언제나 절벽이고
마르는 붉음이 손바닥 길을 읽고 있다

우르르 겨울로 가는 산 빛이 가속을 타고
주저 없이 날리는 낙엽들이 매달린 붉음의
배경이 되는 동안 손바닥 가득 갈라진 금마다
현이 되어 살아나던 허밍

가락은 파삭해 간드러지고 까치발을 해
가을을 건너고 있고 물이 마르고 독기가 마르고
쳐다보는 시선이 마르고 제 안에 울리던 소리마저

뚝 끊어지고 나무는 붉음을 하나둘 내려놓는다

데자뷰

언젠가 찾아왔다가 떠나지 못하고
방 한구석에 길게 누워버린 해변
백사장에는 죽은 엄마의 젖무덤 옆에서
아무것도 모른 채 나오지 않는 젖을 만지작거리며
쉰 울음도 다한 아이가 뒤척이고 있다
울음이 무거웠던가
해변은 아이를 업고 내 방까지 와 쓰러졌다
불러도 묵묵부답인 해변에는
눈길이 지나갔던 자리들과 그곳을 닮은
팻말들이 넓은 수면에 길들여진 터
몰려오는 파도의 절절한 구절과
눈 맞춰 물어볼 어떤 장소도
남아있지 않았다
두 개의 쪼그라든 유방과 마른 입이
떠다니는 방에는 아이의 흰 손가락보다 많은
담배꽁초가 쌓여갔다
모르는 물무늬 속으로 울음이 자라고
또 부서져 내 안의 풍경으로 섞이고 있었다

몸 풀고 돌아가는 산모처럼
벙어리 해변이 비틀거리며 방을 나갔다
나는 혼자 남겨진 아이를 어디서 본 듯
가만히 끌어안았다
오래전 잃어버린 요철의 반쪽처럼
아이는 내 안으로 잘 들어맞았다
그때가 얼핏 보였다

두통의 주변

자물통 두 개 달린 문은 습기 찬 방을 간직하고 있다
그녀는 더듬이 같은 손으로 뜨개질을 한다
물병 주머니를 만들고 있다
방바닥에는 실 뭉치가 헝클어져 있고
코바늘이 가는 길은 사이길
수화로 길을 묻는 사람처럼 그녀의 눈은 어둡다

시선이 네모진 창을 따라가며 돈다
동그랗게 말아쥔 한 올에 코바늘이 쑥 들어와
더 많은 것을 걸어나가면
그녀와 꼬인 실들은 물병에서 만나고
서로는 매듭처럼 더 이상 다가가지 않는다
모빌에 달린 종이 새들은 길을 아는지
계속해 빙빙 돌고 있다

다 짠 주머니에 벙어리장갑처럼 손을 넣으며
그녀는 웃기도 한다
성근 이 사이로 빠지는 웃음은 항상 축축해

피어오르지 못한다
열쇠 두 개로 푸는 방
서랍은 별나게 끼끼거리며 열리고
약병의 뚜껑은 단단해 도무지 열 수가 없다
고개 숙인 얼굴에 그녀의 방은 더 생생해진다

둔치에서

풍경이 사는 오래된 취락지에는
강 건너편 사내 번들거리는 눈빛 내려놓는 소리와
긴 한숨을 나무에 거는 소리
깊어서 혼자도록 서늘한 눈빛 속으로
나뭇가지들의 구불거림과
마른 강에 났던 물길들이 천천히 일어선다
가시지 않는 취기에 어둔 강은 차오르고
그는 아직도 남아있는 쓴웃음 몇 개를
마지막 밤하늘로 던지듯 풀어버린다
풍경은 언제나 먼 객지
어디에도 매이지 못하는 눈빛은 짧고
차가운 수면은 들리지 않는 고함을 누인다
수척이는 물길따라 눈감은 취객선이 떠나면
스스로 한 과거가 되어 컴컴했던 눈을 들여다볼 것이다
한 번도 피하지 못했던 불행을
달빛 느린 강
향불의 춤 같은 응달 속으로
토닥이며 재울 것이다

사내를 품고 있는 둘레가 불길해진다
계류할 곳 없는 물굽이들 숨죽이는 소리와
늙은 손아귀 펴는 소리
그를 운구하고 있던 먹강이 물길을 지우며 또 흐르고
길 아닌 먼 곳으로 신발들이 둥둥 떠간다
유족처럼 서 있는 수초들 사이로
달빛이 조문하듯 다가와 그를 뒤적인다
떠돌이 눈빛이 퀭하니 풍경에 잡혀있다

메뉴

사람들마저 낡아빠진 구 시장을 지나
바람만 기웃대는 막창집
기름기 찌든 여닫이문이 열리면
하루의 넋두리만 주머니에 가득 담아온
늙다리들이 모여 꿈을 굽는다

공원 벤치에서 비둘기 그림자와
온종일 부딪치던 김씨
둥글게 펴진 초망에
물에 빠진 낮달만 건져 올리던 정씨
허리를 펼 때면 언제나
기차가 지나간 꽁무니가 상영되던 선로반 박씨

알전구 아래 달아오르는 무용담으로
식당은 떠나간다
긴가민가 따라가 보던 스토리는 예전처럼 흐느적거리고
이제 다 고아먹은 레퍼토리는 끝말잇기 중이다

안주가 바닥날 때쯤
기웃거리던 달빛도 들어와 지글지글 익는다

맹물 같은 술맛을 다시며 모두들 잦은 한숨을 숨긴다
김씨의 눈동자에 단풍잎 같은 핏줄이 돋고
그 너머 어딘가 있을 비릿한 물기라도 비치면
탄불은 저절로 사위어 메뉴에도 없는
긴 침묵을 익혀내고 있다

표정들은 어긋남도 없이 이마에 달라붙어
잠 못 이룰 밤을 생각하고
또 꿈에서만 바쁘던 환한 햇볕들을 생각하고
이제 가자 휘청거리며 나온 소리의 안쪽이
닳고 닳아 곧 바닥으로 떨어진다

바리움

여인은 깨진 유리창을 통해 정원을 보고 있다
반쯤 붙어있는 유리조각들 사이로
정원은 제멋대로 구획되어진다
불규칙한 호흡 사이로 몸속에 구겨 넣었던
긴 시선이 흘러나온다
대궁과 꽃은 어긋나 있고
풀들은 깨진 유리 사면 위로
위험하게 고개를 내밀고 있다
꽃잎에 닿은 시선은 꽃 색깔로 증발한다

시선들은 영원히 돌아올 줄 모른다
아니 왔다가 갔는지도 모른다
몸속엔 붉은 꽃들이 가지런히 정렬해 있고
칼집을 넣은 듯 서너 개로 갈려서
떠가는 뭉게구름이 있고
뒤따라 지나가는 아이들 웃음이
공중에서 놀고
몸속에 넣으면 안되는 가시 같은 그녀의 얼굴이

어두워지는 유리창에 언뜻 비치기도 하고

반가워요 카니발

우리의 대소사는 너무도 찬란해
정신병자들 배역은 지금 하나도 남지 않았데
판관들 법복은 아직 계속, 아직은 멋진 철저함이지
사건들은 키재기놀이 중이고 우리는 언제나 놀라는 중
비명들은 지쳐갔지
목록들은 꿈으로 치장되고
단단한 결과들은 나른해하거나
잊혀진다고 몸서리치는 중

언제나 배역들이 꽉 차는 카니발 거리
거리는 불빛을 팔았어
구심점 없는 눈동자를 팔았어
억센 손아귀 힘들과 꽉 다문 이빨들의 지고함을 팔았어
겹쳐진 얼굴들의 연장연장
그걸 보고 따라하는 일관성을 팔았어
노을의 긴 꼬리 같은 흑과 백의 접점을 팔았어

아직 일어나지 않은 일들이 주문되고

배역들은 옷을 준비하고 있어
시체 옷들과 눈물 익새서리
창 없는 방들과 텅 빈 머릿속
키 작은 시선과 빠르고 유창한 반응들
여기 누구여야 한다는 계약은 실패했고
팔팔한 소음만이 승자
두 번 저지르지 않아
와글와글한 한 번의 시간을 돌림노래처럼 외울 뿐

배차계 정씨

7번이 시내 열기를 가득 달고 돌아옵니다
짤랑거리는 입금 통이 가볍습니다
배차계 정씨는 점심시간을 악착같이 쓰고
일어나 동네 번호판을 바꿔 답니다
반환점이 이번엔 꽃단지라
향기가 종점까지 묻어올지 의문입니다
견인차에 업혀 돌아온 55번이
정비공장에서 킬킬거리고
사장이 먹다 남은 생수통을
마당으로 집어 던집니다
기름밥 먹던 기사들이 연착한 55번처럼
주춤거립니다
"쎄루모타하고 뿌라그 바까"
그의 발음엔 언제나 자음이 두 개씩 달립니다
아니면 입이 싱겁다나요
정씨의 손에는 아직 배차 안된
나른한 오후가 많이 남아있습니다
모종 부어논 꽃 뿌리처럼 무좀이

그의 신발 속에서 꼼지락거립니다
햇빛 노는 마당을 가로질러 가
빈 버스의 재생 타이어를 툭툭 차봅니다
사장 말마따나 아직 빵빵한 구석이
남아있습니다 그것을 신은
55번이 살아 쿠룽거리고
7번은 떠나갑니다
때 절은 목장갑과 욕지거리 몇 마디로
시동 걸어 보내야 하는 하루가
지금도 빈 마당에 가득합니다

백석을 그리며

고향 떠나 닿은 여기는 심양 서탑
평양랭면과 마오타이주(酒)가 함께 있고
조선족 청년과 꾸냥이 야래향을
흥얼이며 가는 청대 거리
나의 스승 백석이 살았다는
쓸쓸한 방과 흰 벽들
몽매도 그리던 자야
또 그의 허리같이
하나리던 이름 모를 풀날랭이들
그리도 먹고팠던 기장감주와
풀썩이는 가난에도 맺힌 옛 정은
만주벌 개장수 보따리에도
모택동 광장 흙먼지에도
지나간 왕조의 바랜 깃발에도
향기로운 쟈스민 차에도
생경시리 눌어붙어 있었다

어디론가 흐르는 누런 랴오허 강의 물결처럼

밑도 끝도 없이 널브러져 있는 옥수수밭처럼
떠밀려가는 얼굴의 홍수 속에
나는 가지 않은 세월 어쩔 줄 몰라해하며
백석, 백석을 중얼거리며 찾고 있었다

변신

강변은 떠나갈 사람에게 쥐여줄
외로운 풍경을 만들고 있다
기억하라고
꽃들은 제 이마에 꽃을 새로 붙이고
멀리까지 날던 새들은 돌아와
외발로 선다
추억을 키우느라 강변은
모래톱에 찍힌 발자국들을
천천히도 걸리고 있다
앞서간 외로움도 그랬는지
강물은 비쩍 말라 혼자 흐르고
강변에 세울 외로운 사람조차 없이
비도 맞는다
꼭 맞는 외로움으로 기억하라고
지는 노을에 흥얼대는 노랫소리도 푼다
한 곡조 따라하다 보면 시큼한 의미에 갇혀
눈물도 찔끔대며 이른 저녁으로
숨기도 하겠다

이제 떠듬거리며 돌아가는 어떤 사람에게
강변은 멀리 밥 짓는 연기라도 보여주며
제 일이 아닌 듯 외로움을 지우기도 하겠다

비평가 식당

잘 마른 책갈피 속에서 시원한 배춧국이 끓고
한 장 한 장 냄새가 번지면
배역들은 하던 걸 놓고 식당으로 몰린다
넉넉한 쇠 국자 걸린 창으로 햇볕은
언제나 양지쪽을 차지하고
남녀 주인공들 입 밖으로 나오다
머문 말들이 아직 공중에 매달려있다
펼쳐놓은 들판을 두루루 말아 들고온
사건들은 자리에 앉아서도 몸 둘 바를 모르고
그들이 소품으로 가져온 길들은 너무 길어
문틈에 걸려있다
따라오며 계속 피던 꽃들에게 중얼거리던 독백들
길게 늘어선 줄을 보고 졸아빠진 저녁이 될 거라며
국솥을 발로 차며 이야기를 쏟아버린다
벌겋게 단 제목은 얼굴도 못 들고 주춤거리는 사이
다시 올 일 없을 거라며 지문들 식당 문을 쾅 닫고 나가
면
관객들은 어디서 시퍼렇게 멍든 박수를

무대 위로 떠밀고 주인공들이 우르르 몰려와
바닥 청소를 하고 떨어진 꽃잎 몇 장을
후후 불며 붙이고 있다
뒤죽박죽인 줄거리에 다시 배춧국이 끓고
쇠 국자가 걸리면 사건들은 태연히 입 밖으로
흘러나오고 배역들은 식당 속에 벗어논
저를 주섬주섬 입고 있다

새는 애써 지워도 진다

뾰죽지붕들은 새들이 날아오르기 전까지
적절한 높이였으며 사람들은 시끄럽기까지
광장에 오래도록 머물렀다
멀리 풀들이 계속해 마르는 언덕을
새들은 차오르고 나는 창문을 통해 본
좁은 창공으로 하루를 풀고 당기는 하늘이
아직 익숙하다는 걸 느꼈다
새들은 이야기 끝에 모여있었다
광장의 이야기 소리는 몇 개의 주목할 만한
높이의 기둥을 만들기도 했고 금세
다른 변론으로 허물어지기도 했다
언제나 무정란 같은 결론이 날 때쯤이면
사람들은 주머니 속에 손을 넣고
자기 하늘을 훔쳐보았다
평이한 문장처럼 새들이 날고 있었다

벤치나 마로니에 잎들에게도 하루의 그늘이
반쯤씩 들려지고 분수는 물 대궁 고개를

이리저리 내밀어 바깥을 맞는다
물떼새들이 물떼 옷을 입고 나무에 앉기를
기다리지만 하루는 새로운 나뭇가지 하나
틔워내지 못한다 한 아름 풀씨를 안고 있다
놓아버리는 들판처럼 하루는 쪼개지고 있었다
그들은 낯선 역에 던져진 수화물처럼
잠시 그곳에 머물렀고 텅 빈 하늘에
그 시각 안에밖에 살지 않는 몸짓들로
떠났다 쉬운 날갯짓으로 하루를 거두어가는
하늘 끝에 오랜 색감의 노을이 번졌다
뒷모습을 지우며 가는 새들이
내 마지막 시선을 빠져나갔다

들키지 않는 걸음걸이

금령총 도제기마인물상은 1,500년을 달려왔다
따각 따각 걸음발을 딛고 가마를 나와서부터
문갑 위에서 조용히 쉬기까지
저것은 한 번도 시원한 달리기를 보여준 적이 없다
앉아있는 것이 내달음치는 것인지도 모른다
한 무리 병마들이 몰아가는 흙먼지를 지우며
그때 하늘을 덮던 상서로운 구름들을 걷으며
금 간 부장품 같은 세월로
말굽을 옮겼는지도 모른다

걸음나비 속에는 저를 만들어 준 흙쟁이가 있다
말 위에 귀인과 술잔을 얹고 머리에는 절풍을 씌워
마지막 쇠뿔을 꽂았다
천지신명께 읍소하고 불길을 던지며
그는 말해주었다
—기생의 교태와 장수의 농짓거리를 보지 마라
—성성이 벼른 창검의 끝을 믿지 마라
—묵향 가득한 상소를 보지 말며

—서라벌을 향해 절하는 것을 보지 말며
—주인을 따라 꺼이꺼이 울지도 마라
—절풍이 벗겨지고 형이 내려지고
—부관참시가 되도록 너는 검은 하늘을 말하지 마라
—내가 너에게 눈과 입을 주지 않고 손잡이를 달지 않은 건
—세월을 먹지도 말며 타지도 마란 뜻이니

도제기마인물상은 함께한 세월을 진토에게 주고
서라벌 허허벌판으로 말을 몰아 까마득한 어둠을 달린다
바람에 피 우는 인연 그득한 제 속이 마른다
파진찬의 효수된 머리가 마르고 그것을 쳐다보는 눈길이 마르고
갈 곳 없어 남산의 노을로 풍장 되던 시절이 마른다
세월은 앞 고름을 여닫듯 맺히고 풀리고
그때의 소나무는 꺾여서도 자라고 구름은 아무 데서나 자리를 폈지만

저것은 그때마다 눈과 입이 짓물러가며
덜거덕거리는 금령총을 끌다 끌다 여기다 부려놓고
한잔 술로 목축이고 있는지

제3부

뭉크

그림 속의 잠은 침대에서 떨어진 홑이불처럼 바스락거렸다
핼쑥한 잠의 주인은 벽을 짚으며 허물을 벗다 쉬고 있는 듯
육신의 변방을 오래도록 바라보았다
멀리 붉은 혀들이 손들어 무슨 말을 하려다 사라진다
떠나지도 않고 헝클어진 잠 속에 흐르던 납빛
무너진 시간을 이끌고 있다

깨어진 눈동자가 악몽을 바라본다
몸에 닿지 않는 시간들이 영원히 떠다니고
힘없어 보이는 핏줄들이 쿵쿵거리며
꿈으로 번지면 비명 하나 잠을 박차고 나와
주인을 어딘가에 내던진다
푸석한 꿈자리 끝 누가 쓰다버린 밤
벌어진 주인의 입에 시간이 구겨져 있다

소월식 슬픔에 대한 경의

노트북 메인 창에 뜬 소월
죽어도 아니 눈물 흘리겠다던
소월의 두 눈에 지그시 물기가 맺힌다
비누토막 같은 마우스로 나는
얼굴을 문지르며 물기를 삭제하고 있다
클릭한 창은 자꾸 닫히고
뒷골목 작부 집 봉창으로 줄줄 처지던
가락 하나처럼 슬픔은 흐려지고
소월은 씻겨 내려간다
울컥거리는 거품 속으로 가라앉는 화면에
난도질 난 가슴은 없다
지독한 문장을 지나 기구한 저녁에나
보임직한 검은 눈 속으로
다 떨구어 낸 물기들 읽혀지고 있다

머리가 없어도 손목들은 어디론가 가 닿았다
앙다문 이빨 같은 자판을 때리면
링거병 줄 같은 배선이 화면에 쿡쿡 박혔다

찢어진 화면으로 마른 강에 쳐진 그물을 당기는
소월이 보였다
가득 잡힌 눈물을 마시며 또 바르고
얼굴을 훔치던 사람들
소월은 빌려지곤 돌아오지 않았다
소리들 고요한 자정이면
피라미들 지나간 물여울 같은 메시지가 뜬다
멀리로 떠나는 넋두리와 깊어서 혼자도록
서늘한 눈빛이 서로 다르지 않은
우리의 소월이 죽은 이래였다
뽀드득거리며 슬픔이 노트북을 나갔다

시간들

당신은 한 시점을 우회한다
치밀어 오르는 분노를, 아무것도 아닌 고요를
뒤죽박죽 엉켜버린 사건의 절차를
돌아서 간다

시간은 갓난애기처럼 태어나서는 등에 업히는데
어디서 그 많은 굴곡들을 배웠는지
담쟁이들처럼 조여 감아 오르는 재촉들과
어느 죽은 자의 편지를 정직하게 읽는 당신들과
몸속으로 파고들어 와 이제 한 몸이 되어버린
제 자신을 조금조금 이야기한다

늙고 망가진 시간들에게도 까맣게 잊어버린
투명한 시작이 있었다 우회할 필요도 없이
조금씩 맞이했던 아침햇살처럼 걸리적거리는
관용구처럼 시간은 부풀어 올라 그에 합당한
이름을 가졌다

이제 명징한 수다와 꾸물대는 진실이
서로 뒤바뀌어가며 당신을 끌어들이고
당신은 긴 시간을 요약하려고
눈을 감기도 한다

나이가 든 줄 모른다 누구에게 말 걸어 물어보지 않는다
이제 우회라는 말을 모른다 시간은 당신에게 달려들어
스스럼없이 제 시간을 쓴다
굳이 시간이 되어야 할 필요조차 없는 시간들과
아직 시간이었던 시간들이 무던히 연결되고
새벽마다 무거운 그늘을 준비하느라 시간은 분주하다

꽃잎이 손을 내밀고 내밀다 떨어질 때까지
시간은 신선하다 나무들은 우회하며 자라고
당신은 우회하며 본다 정원의 분수는 시간 속에서 안전하고
당신은 반대편에서 불안하게 본다 자기 자신으로

머무는 것이 가장 쉽다고 시간은 분수 속에서
흩어지는 어디든 따라다니고 있다

고찰강론

대웅전 먹빛 기와지붕은
어느 번성했던 불국의 명리처럼
가지런한 문맥이다

빗방울들이 골을 따라 모이고
처마 밑으로 한 획 두 획
투명한 묵언이 떨어진다

추적추적 사부대중에 닿는 말씀

구름 괘불이 세상의 소소곡절에
일일이 응하고 있다

모두 우산을 쓰거나 몸을 가리지
아무도 고개를 들어 시원한 강론을 듣지 않는다

아침나절

제주도 김영갑 갤러리 뒤편
무인 찻집에는 나의 아침이 있다
커피 한잔을 마주하고 있노라면
스메타나의 몰다우와 창밖의 긴 나무벤치가
커피 맛에 섞인다
오래 해본 일인 듯 찻집은 천천히 아침을 끌고 간다
거두지 못한 추수같이 나의 아침은 가지도 않고
시린 눈길에 잡혀있다

새소리가 셔터소리같이 들리는 소롯길
용눈이오름을 오르고 있는 영갑의 중형 카메라가 있다
하늘이 배경이면 갈대 무성한 구릉에 이슬이 말라가고
떠도는 구름도 프레임 속으로 슬며시 발을 들이지 싶다
영갑은 파인더 속으로 무엇을 봤을까
언제나 갈대를 앞세워 오던 바람의 예령을 봤을까
잿빛 하늘을 가득 날던 눈꽃들을 손으로 받던 자신을 봤을까

가을은 발자국마다 아침을 연다
낙엽은 굴러서 가을을 가고
비자나무는 떠나는 새들을 배웅하며 하루를 간다
작품을 기웃거리다 돌아 나오는 햇빛이 테라스에 깔린다
목조 바닥에 밤을 지나온 비명들이 삐걱거리고
속절없이 그 무렵에 젖는 발자국이 있다
찻집에는 초목에 사는 아침이 있다
변하지도 않는 눈빛을 누이는 긴 벤치가 있다

어느 시인의 오름 산책기

그의 전생은 아마 유명했던 어느 식당의 주방장이었지
싶다
의미나 사물들의 반죽덩이를 노련한 솜씨로
올곧은 면발이나 시원한 육수로
입에 착착 대령시키는 품이

전생에 자유자재였을 그의 손
지금은 입으로 그 맛깔스런 기교를 이어왔지 싶다
입으로 끓이는 음식은 실재보다 더 신비한 것
고운 채칼이나 어떤 날 선 칼로도 가져올 수 없는
부위를 그는 마련한다

윗새오름의 둥근 능선을 하나하나 짚고서야 사라지는
늙은 햇볕의 찬찬한 발이거나
곱게 빻인 저녁을 흩어놓은 어스름이거나
손바닥으로 한번 스윽 쓰다듬고 지나고 싶은
갈대밭의 솜이불 스프까지

미지근한 입술 불로 달구는 그의 곰국은
우리고 우려낸 뒤에야 맞는 고요한 새벽
세상 글들은 늙지 않았지만 덤덤해서
그는 낱말 몇 개로 간을 본다
글 익는 식당 앞에 그는 언제나 맛 대문을 열어제친다

어두운 독서

글자들 밑에 수세기 전 것으로 보이는 어둠이 있다
석관처럼 한 번도 들춰진 적이 없는 문장
빛은 완강한 지하의 이빨을 벌리며
글자들의 천지를 간다
화려한 수사를 술처럼 마시고 있는
초행자들의 서툰 눈에게
뜨겁게 용접된 제목과 완고한 서명을 보이며
어둠은 길을 막아서고 있다
주위의 모든 것을 점령해버린
의미들의 횡포에 적당히 수줍은 빛들
어디론가 깊어 아련해지는 글자 안의 글자들과
울림이 되지 못해 자꾸 부풀려지던 목소리들에게
장님이 오가던 길에 빛나던 가로등처럼
빛은 눈길을 떨군다

캄캄한 형상을 더듬거리며 지나온 손처럼
주저하는 법칙을 데리고 빛들은
어디까지 자유로운가

눈으로 꾹꾹 밟으며 가는 길에는
아무리 불러도 들리지 않는 앞장의 풍경이
잔영으로 엎드려있다
삐뚤게 쌓은 벽돌 같은 설명을 허물며
책을 관통해버린 조용함을 신음으로 찢으며 빛
너는 가는지도 모른다
누구라도 부재가 되던 어둠 같은 갈피 속에서
글자를 밀어내며 책장을 넘기던 손들이 만나던
문고리 같은 문장들
너는 하얀 손으로 이들이 숨기고 있던
감탄사를 숯덩이처럼 집어 올리며
환한 웃음으로 불을 당겨도 봐

열대야

이렇게 날이 찌고 타는 밤이면
나는 백석이 생각했다는
"그 드물다는 굳고 정한 갈매나무"를 생각한다
지금 「남신의주유동박시봉방」에는 백설이 난분분하고
그 갈매나무 주위에는 잎새에 쌓이고 흩어지는
눈을 보고 있을 백석의 눈동자가 있다
"눈에 뜨거운 것이 핑 괴일 적이" 거나
스스로 찾아낸 슬픔 같은 것이며
하릴없이 찾아오는 가슴에 난도질 같은 것을
내리는 눈에 파묻으며 또 그보다 더한 추위도 견디며
백석은 부단히도 참아보는 것인데

나는 백석이 눈 속에 덮어버린 그 차거운 슬픔을
꺼내어 한기를 맡아본다
알지도 못하는 낯선 이의 어느 뜨거운 밤으로 흘러온
서늘한 기운은 아직 녹지도 않고 단단한 결정으로 남아
있다
자진한 슬픔이 어찌 저리도 신명을 얻었을까

세월을 넘어 배달되는 슬픔이 어찌 저리도 온전히 남아
있을까
눈으로 본 마음을 저리도 단단히 얼게 만든 백석의 강
압에
나는 시퍼렇게 날이 선 슬픔에 언제나 머리를 조아리며
열대야 속에 남아있었다

오래된 수첩

1

내가 수첩을 한 장 한 장 들추자
글자들은 후다닥 자기 자리로 돌아가고
삐딱하거나 휘갈겨 쓴 숫자 몇이서 뜻 모를 포즈로 엉거주춤하다
누렇게 익은 깻잎지를 맛보듯 잎줄기를 소중히 뜯어내보면
알 듯 말 듯한 얼굴들이 소복하다
환한 모습들이다
서로 인사를 나누며 괄호 친 곳을 기웃거리기도 하고
빨간 글씨는 애써 피하며 검게 지운 곳은 토닥거리며
속지들은 오골거리고 있다

2

설지운 이름들이 시선을 당긴다
더듬어 부르면 그리울 이름들이 걸어 나오고
미라처럼 기억은 더러운 헝겊에 감겨
언제고 원한다면 정확히 배송되었고

한때 지워야 했던 얼굴에도
가로등을 켜고 무수한 밤들이 할퀴고 간 낡은 창에
그 이름을 써보던 고요를 풀어놓기도 했는데,

3
알고 있는 대답처럼 가슴 가득 묻지 않는 것이 쌓이고
애써 외면이라도 할 때면
글자들은 자진해 까만 비닐표지를 열고
깊숙이 감추어진 얼굴들을 꺼내왔다
여백으로 가득한 얼굴이었다
누구냐는 말에 대답도 없이
후다닥 자기 자리로 돌아가는 글자를 따라가 보면
꾹꾹 눌러 지운 자리가 있었다

옷

몸을 안았던 바깥들이 주름투성이가 되어 혼곤해지고
옷은 벽에 걸려 천천히 제 모습으로 돌아간다
툭 튀어나온 무릎께나 엉덩이에 돋은 보풀을
감추며 지병 같은 짜깁기 자국을 감추며
옷은 만난 사람들을 처량하게 이야기하는
주인의 쉰 목소리를 듣는다
막창 굽는 냄새가 배인 지전을 조심스럽게 세며
거푸 한숨 쌓이는 방을 옷은 지켜보고 있다

달 그늘에 번진 주인의 곤한 잠을 뒤적여
꽉 쥔 손안에 있는 몇 개의 기억들과
바람만 드센 언덕과 달빛이 구획해놓은
주인의 좁은 등짝을 쓰다듬어보는데
꿈을 꾸는지 빙그르 웃는 얼굴이
어둠에 우는 얼굴로 보여
눈을 비비며 다시 벽으로 올라선다

같이 울어주고 싶을 때가 있었다

불우한 날들이 뒹굴고 그때 옷들은
몸의 능선을 따라 이리저리 출렁였으니
다 해진 옷에 땟국이 덮이도록 주인은 컵라면 국물에
덥힌 손으로 구겨진 생을 펴듯 무릎께를 자주 주물렀지
만
옷도 벗지 못하는
주인 따라 쓰러져 자는 날이 많았다

웃음

내 옆에는 약간 실성한 사람이 있다
고개를 돌려 눈빛이 마주칠 때마다
나는 웃고 그는 내 웃음을 본다
웃음이 건너가 그를 덥석 안는다

그도 흐릿한 정신을 추슬러 가끔씩 눈빛을 만든다
그 눈빛은 제 영혼을 잠시 빌린 듯 깊고 고요하다
그도 예전에 그런 눈빛을 가진 적이 있다
어떤 아픔을 끝까지 기록할 수 없어서
더 이상 눈에 담고 바라볼 수 없어서
그는 자신을 흉내 낼 수 없을 때까지 가서야
눈빛을 잃어버린다
날마다 저를 실어 떠났을 그때의 눈빛은
이제 어디에도 보이지 않는다
다 써버린 축전지 같은 몸은 더 이상 눈빛을 만들 줄 모르고
턱 괴고 바라보는 시야도 고요할 줄 모른다

곱게 쓰고는 다시 빨아 건네주는 손수건처럼
웃음이 건너왔다

장롱

오래된 장롱을 열면 삐걱하고 문이 울 때
신문지에 싼 나프탈렌 냄새가 문이 울 때마다
오롯이 저며오고
쇠불알 달린 괘종시계에서 나온 느린 시간이
철 지난 옷 위에 켜켜이 머물 때

긴 숨을 참다가 입을 열듯 삐걱하고 문이 울 때
제 안을 보여주듯 소리가 삐걱하고 손으로 전해올 때
세상과 빗장을 건 것들이 열려 누룩 같은 이야기들이
홰를 치고 문을 닫아도 설레는 것들이 문 뒤에서
환하게 살아있을 때

아버지 작업복은 기름 먹인 나무 전봇대를
하루에도 수십 번 오르내린 작업복이고
내 배냇저고리는 엄마가 칠성님께 두 손 빌어가며
점지 받아 입혔던 저고리고 엄마의 공단 한복은
아까워 설날 이외는 한 번도 입지 않았던 한복인데
나는 잊어먹지도 않고 절절이 되새겨대고

장롱을 열고 이제 냄새가 된 옷들을 뒤적일 때
부려놓은 냄새의 주인들은 없고
그때의 몸짓들만 가지런히 개켜져 있을 때
삐걱하고 문이 울어 멀리 간 옛날이 다시 돌아와
잠시 나를 꼼짝 못하게 잡을 때

재미없는 자미

아버지는 재미를 항상 자미로 발음하셨다
"오새 자미 좀 어떠신가?"
재미있게 사신 분처럼
지금은 영정 속에서 웃음으로 물으신다
세상 쓸쓸한 날이면 나도 자미란 말을
입속에 굴려본 적이 있다
죽을힘까지 다 쓰고 축 늘어진 혀를
애써 감추며 천천히 발음하는
자미는 제격이다
편평한 입속의 혀는 '자' 자에 마지막 '이' 자
갖다 붙일 힘이 없어 그대로 숨을 '미' 자에게 맡긴다
고단한 세상에 높다란 아파트 석축 같은 '이' 자를
'자' 자와 '미음' 에 연달아 갖다 붙이는 일이
어쩐지 숨을 막는 것 같아서
아버지는 어색해했나 보다
자미가 더 익숙해지는 나의 입을 보면서
아버지의 어눌한 발음을 틀리게라도
들을 수 없는 지금

벌름거리는 붕어마냥 돌아가신 아버지의
빈소를 지키며 상복을 입고 대나무 시팡이를
짚은 내가 꼿꼿해져서 아버지의 자미에
'이' 자라도 돼 드리고 싶었다

잭슨 폴록

—천 개의 손가락

혈관에서 컹컹거리는 소리를 듣는다
잘린 손목에서 나오는 피처럼
그는 물감을 뿌린다
근육이 울컥거리고 핏줄들은 뽑혀 나와
천 개의 손가락으로 가는 중이다

항상 놓치는 색들은 뒷걸음질이다
잡히지 않는 그들을 따라간다
어둡고 희던 밤들이 줄줄 흐르고
지나간 행동과 하지 않은 몸짓을 보는
감은 눈이 있다

부딪치므로 물감 줄들은
여백을 만든다
그곳은 길 양쪽으로 밤들을 찢어다 내건 거리
조각마다 땀 흘린 얼룩
손가락이 지나간 곳마다 그는
구멍 난 육체로 남는다

밤으로 그의 불꽃은 허용된다
천 개의 손가락을 비추며
아무도 모르는 비밀이 눈 속에서 빛나고
화폭은 눈빛을 당긴다
풀어헤친 물감 자국이 그대로 마른다
먼 길들이 오래도록 붙잡혀있다

* 잭슨 폴록: 미국의 화가. 물감을 뿌리는 기법으로 작품을 만듦.

주름살

얼굴에는 모든 게 지나가요
지금 열 살 때 죽은 엄마의 상여가
꺽꺽이며 지나가고 있어요
만장 든 행렬은 푸른 하늘로 넘치고
도무지 얼굴에 담기지 않는 것은
눈부시거나 코끝 찡한 노래로 흘러요

엄마가 없자 다락문이 덜렁거려요
문고리를 잡고 나 자글자글한 주름을 낳았어요
세월들 온통 얼굴을 놀이터처럼 구겨놓고 지나갔지만
다 먹고 난 밥상처럼 모두들 떠나갔지만
나 혼자 주름은 싱싱했어요

엄마의 거울 앞에서 빈집 같은 눈
가만히 들여다보았어요
거미줄에 덮인 내 몸을 누가 갉아먹어요
잘 되지 않는 웃음을 흘리며
엄마가 나와서는 내 몸을 뒤집어쓰고 있어요

긴치마에 덮인 다리가 움직이지 않는다고
울다가 울다가 엄마는 얼굴 붉게 떠나요
나쁜 년, 모두 다 놀려댔지만
그윽한 눈길로 얼굴을 맞대면
도망가지 않는 주름들 펴지곤 했어요
더 늙은 내가 엄마를 토닥이며 안아주었어요

2014년 여름

우리가 조용한 날이 있을까
성전 앞에는 갈급한 기도들이 와글거리고
앞마당에는 눈치도 없게 여름꽃들이 만개했다

불길한 것도 없이 노래에 춤들이 더해지고
헌정이라는 이름으로 빠른 템포와 광란이
거리에 살포됐다

은총에 감사 기도를 올리던 우리가
꽃을 배경으로 사진을 찍던 우리가
최후라고 발음해본 적도 없는 우리가
아무 말없이 가을이 될 수 있을까

여름은 최후들로 가득하다
매미소리와 선명한 웅달, 조금 전에
내린 소나기 속에서 균형을 잃어가는
과장법이 있다

오래된 신문에 저장되어있던 숱한 사건들
2014년 목록으로도 손색이 없다
그때의 주인공들은 아직 싱싱한 눈빛으로
사건을 생생하게 연기한다

똑같은 역사와 똑같은 과거의 재생 버튼을
누르는 우리가
까불거리는 개의 꼬리를 보고 있는 우리가
연주되는 피아노를 세우지 못하는 우리가
아무 말없이 가을이 될 수 있을까

제4부

풍경

처마 끝에 매달린 울음을 본다
너는 방울새처럼 울어
바람을 거스를 때마다
반짝이며 머리를 찧는다
정수리가 고운 너는
아직도 아름답겠다

댕강대던 울음이 온종일 퍼지다 그쳤다
마당은 서먹해
잦은 발걸음이 사그라든다
댓돌 위에 신발이 가지런한
저녁이다

얇은 귀로 바깥을 서성거린다
기다림은 이명처럼
어디에도 저려오는데
그저 잊자고 어스름한 저녁은
풍경을 지운다

채석강

푸른 하늘은 누가 대출해가고 없고
높은 서가에는 지는 노을이 남았다
난독주의자 갈매기들이 서가를 오르내린다
만 권의 책을 쌓아놓은 해변 도서관
해풍과 파도가 책을 읽는다
철썩거리는 감탄사와 솨아 하는 긴 탄식만
간간이 들릴 뿐 노천 도서관은 조용하다

층층이 쌓인 고서엔 말씀이 산다
낡고 채석채석 귀퉁이가 떨어져 나가도록 산다
저기 해풍이 책장을 넘길 때마다
바닷물에 씻기고 밤안개에 침묵하던
뜨거운 용암의 몸짓이 적혀있다
공룡이 날고 달이 붉은 그림자를 만들던 저녁
차갑게 식어가던 제 몸 위로 흐르던
바람의 맑은 언어가 적혀있다

천길, 저 위엄에 맞서 저녁이 어둠을 채운다

단단히 새긴 돌들의 기록도 덮여갈 즈음
아주 늙은 사서 같은 달이 서가를 돈다
고전에 길들여진 바람과 파도는 지금 너그럽고
아직 소나무 한 그루 벼랑에 기대
책에 눈 박고 갈 줄 모른다
채석은 지금 문 닫는 중인데

침묵

내가 그때 부지런히 말했던 건 무엇이었을까
나무숲의 하얀 새였을까
폭폭한 날개에 가 앉던 갈색 눈빛이었을까

날 선 검 끝으로 마음을 헤아려가다 보면
답 몰라 치우지 못한 물음들과
알고도 떠나지 못하던 궁리들

굳이 내 눈이 아니라도 따라나섰을 바깥과
누가 맞을 새라면
거기 새소리 듣는 저녁과
천천히 돌아가는 눈빛에
말없이 묻혀가도 좋으련만

술렁이는 입안엔
가려잡아도 시작할 수 없는 말들만 침처럼 고이고
주인 없는 아슴한 기미를 새가 아니면 침묵으로
술어들은 혀끝까지 밀어도 보고

내가 그때 말했던 건
새 떠난 숲이었을까
말하고 난 조용함이었을까

칸

새벽 원고지 속으로 한 사람이 걸어갑니다
언제나 그를 가두었던 어두한 창들
칸칸의 빗장을 열고 갑니다
잠들지 못하는 발길은 캄캄한 벽을 뚫고
이리저리 퍼집니다
지나간 자리마다 달빛이 통하고
쓰러진 풀잎들이 두런거립니다
저 앞쪽 흰 새들이 그를 부릅니다
새벽 사원이 있다나요
몇몇은 고개 숙여 불우함을 위해 울고
또 날아올라 달빛을 헝클어뜨립니다
그는 자유로운 새들과
움직이지 않는 불상의 무게를
칸 속에 들입니다
어둠의 탁본인가요
배접되지 않는 가슴을 위해
그는 네모난 칸을 돌고 또 돕니다
새 노는 사원을 지나 열리지 않는 창들을 지나

어디 더 먼 것들의 경배를 위해
칸 속의 길들은 새벽을 잠시만 여나 봅니다
아무도 깨우지 않으려고
쌀뜨물을 붓듯 발걸음을 옮기지만
그가 짊어진 생각들은 무겁나요
칸 속에 눌러쓴 발자국들은 부서지네요

큰집 가는 길

공굴 너머 새터는 큰오매 집 가는 길
오늘같이 찌고 타는 날이면
중형하고 나는 수박 한 디 들고
어금니가 쩌리하도록 찬 샘물이 나는
큰오매 집에 간다

뒤웅박 이고 선 행랑 지나
마당엔 햇고추 성나 맵고
빨랫줄에 가죽자반 줄줄이 꾀 널어놓고
차불차불 잘도 지꼈다는 눈에 하얀 백태 박인
행랑어멈이 인기척에 돌아보면
우리는 올 적마다 된통 놀랐다

사랑청 마루 걸린 서까래마다
지키미가 살았다는 옛날
지금이라도 당장 능구렁이 한 마리
돗자리 위에 툭 떨어질 것 같은
무섭고 적막한 안채에

문살 정갈한 사창이 열리고
"니들 왔나" 하시면
그제사 머쓱함도 사라지고
제 세상을 만난 듯 우물로 뛰어들어
옷 홀랑 벗고 그 차가운 물을 덮어썼다
고추가 오그라붙고 땀띠기가 전부 사그라들고
닭살이 오들오들 돋아나 입술이 파래지면
큰오매는 수건으로 배짝 마른 등을 닦아주시며
볼기짝을 두드려주셨다

우물에 담궜던 수박을 다 깨먹고
중발에 미숫가루도 한 그릇씩 들쓰고
노곤함에 큰댓자로 그 너른 청마루에
하나씩 뻣으면 큰오매는 깨끼자락 넉넉함으로
우리를 또 식혔다
풍석질하던 열기도 눅어지고 소나기라도 짜든 듯
뒤울 대숲 시큼한 냄새가 바람 타고 날리면
큰오매는 참기름 반병, 배꼽참외 너댓 개, 애동호박,

고춧가루, 약밥토막, 오동살이 봉개 싸 대나무 작대기
꼽아 앵기면 우리는 냅죽 절하고
고향지는 택이나 슬펐다

폐교

다한 노을은 가지 않았다
녹슨 철문을 열고 들어섰을 때
한 마리 나비도 날지 않았고
텅 빈 운동장에 두고 간 발자국들도
움직이지 않았다
오래전 불던 바람과 키 큰 나무들
땡땡거리는 수업 종소리를 잃어버리고
아무도 굴린 적 없는 낡은 그네에는
노을로 날아가던 시선이 앉았다
나는 아무도 들여다보지 않는
백엽상의 먼지 쌓인 기온을 읽거나
까르르거리던 가시내의 웃음이 남아있는
화장실 뒷벽을 조심스레 더듬어본다
모서리가 허물어지고 거기 씌어있던
추억의 말 또한 지워져 버렸다

어린 날 시간가는 줄 모르고
던져올리던 한 줌 공기놀이

빰 고운 친구는 공기를 던지던 하얀 손가락으로
구불구불한 계절을 털어내며
지금 잡초 무성한 운동장을 지나
발자국들을 깨우며 오고 있다
기억은 한쪽으로 기울다 만
그녀의 시소에 나를 태우기도 하고
습자 창 무늬 꼭꼭 박힌 교실에
나를 우두커니 세우기도 한다
그곳엔 영원히 정지한 일기의 날짜가 있고
모두들 떠나간 몇 개의 의자가 뒹군다
화분이 있던 창가 늘어진 넝쿨장미 따라
먼 날이 되올려지고 소살거리는 아이들 웃음과
선생님 뒷모습이 찍힌 칠판에
시간의 흔적을 언제까지나 지우는 그녀가 있다
가루가 날릴 때마다 교정은 흐릿해지고
계절을 묵힌 풀씨처럼 아이들은 흩어지고 있다

마주했던 얼굴들은

자꾸 앞으로 밟히는데
번지는 어둠을 뒤로하고
나는 낡은 잎사귀 같은 문을 닫았다

허풍

재클린같이 미간이 아주 넓은 눈을 만났다
박물관 표본실에 누워있던 부처나비*의
날개에 그려진 눈
너무 오래도록 세상을 봐 왔다는 듯
이제는 세상일이 안중에도 없는 듯
그 눈은 여간한 일에도 껌벅이지 않는다
모든 슬픔에 익숙하였노라고
삭은 노구를 펼치고 접을 일조차
없다는 것을 아는 듯

언제부턴가 제 몸에 그려지던 눈을 본다
수천 번의 죽임을 당하면서도 그 먹먹한 눈빛을
그려야 한다는 것을 나비는 어떻게 알았을까
올빼미 눈처럼 이글거려야 한다는 것을,
기척도 없이 다가와 송두리째 덮치는
표독스런 뱀의 눈빛을 닮아야 한다는 것을,
이제 점안한 도량 넉넉한 부처의 눈처럼
싸우지 않고도 상대의 마음을

물들여야 한다는 것을 어떻게 알았을까
육신 가장 먼 곳에서 제 눈인 양
언제나 바삐 놀던 눈

조상의 뇌리에서 뇌리로 옮겨왔던 운필
먹 치던 화공의 떨리던 손끝을 어디서 배웠을까
농현 가득한 해금 산조 한 자락과
가락에 취해 어깨 짓뚱대며 넘어가던
살풀이 독무에 제 몸이 닮았을까
꽃을 빨며 눈 무늬 가득 너울거리던 자태
동공 깊숙이 수줍음을 묻어두고
제 날개 가장 빛나는 곳에 허풍을
그릴 줄 알았던 나비
일생이 소리치는 눈이었던 나비

* 날개에 커다란 가짜 눈을 그려 위장함으로서 적으로부터 자신을 보호함.

수심

만해마을에 가면
마을 뒷켠에 사는 물소리 들어볼 일이다
어스름한 새벽이면
구불텅한 능선들 내려와 시내에 몸 씻고,
장대 소나무 깊이 발 담그고 언제나 서성이는데
가만히 보고 있노라면
어느새 입속으로 시내가 흐르고
소리는 온몸으로 퍼진다
오래도록 바닥을 밀고 온 그들은
견주어 소멸에 들지 않던 몸짓
계류할 곳도 없이 물굽이들은
깊은 주름의 미간을 툭툭 건들며 지나고

여기가 끝이니
더하는 바람은 치유의 이름일까
지금은 떠난, 내가 알지 못하는 어떤 날들이 그랬듯이
소리는 제 무게도 없이
천근을 만들고 가슴을 누른다

고단한 어둠 안고 시내는 소리만 붙박은 채
둥둥 이내 근방으로 흘러가버리고
나는 밤늦도록 따라가고픈 물소리로 고단해진다
붙들고 놓아주는 것이 여기는 아무 일 아닌 듯
나무 밑에 살고
돌 속에 살고
내 얼굴에 산다

산책

몸속 어딘가에서 우연이 자라고 있다
그럴 일은 없을 거라고 거듭 말했을 뿐인데
관심은 이미 고양이를 이긴 쥐가 사는 한나절에게,
바위를 이긴 물이 흐르는 계곡에 있다

건물 외벽에 난 금들이 차가운 추상의 한 부류 같다는 걸
똑같이 말할 필요는 없다
감가상각의 횡장력이 가끔씩 벽에 뜨끔거리면
붕괴 기사를 쓰기 위해 분주하지도 않은 어떤 데스크

무엇이 우리를 부딪치게 만들었는지
알지만 기억나지 않는 얼굴
우리가 처음 알게 된 계절에는 생각하지도 않았을 걱정
우리를 호명해줄 누군가 있다는 게 겁난다

여기 길 위에 관심사가 내팽개쳐진다
여기 그동안 관계했던 연결고리들이 다 버려진다

결정적으로 터져 나오는 웃음만 아직 나오지 않았다
예감으로 걷는 길에는 바람이 그냥 지나간다

너 하나 나 하나

너의 변명은 아직 힘이 좋은지?
전구는 아직 밉지 않지?
응 여긴 기둥들이 간신히 제 길이를 유지해
왜 그날 2시에 불타야 해?
노망한 할머니에게 설명도 할 수 없게
응 소방업자들도 다양성 재고 차원에 포함이 된대
새털구름은 누가 펼쳐주기나 하니?
그것이 가치로서 기록되기 전까지
그럭저럭 사건들은 시류를 잘도 비켜나가지?
잔챙이들이 아닌 척, 그러나 상상을 넘어
응 거짓말은 예전부터 두 부류랬어
기억이 참말을 만들어 가져온다고?
과거에 말했어야 하고 현재에 외면당하는 것
같이 걷던 누구에게도, 산책로로도 퍼져야 된다고?
응 그래야 행복은 어디에도 있다고 톤이 올라가지
우리의 긴 대화는 무엇을 부축할까?
가녀린 식물 줄기나 오토바이 굉음을?
담쟁이들은 기어오르고 비밀은 자살하지 않지

자존심마저 보여 껍질엔 힘줄이 서고,
소문은 신비롭기까지 해
생전처음 하얀색과 보라색의 도라지꽃이 보여
그 앞에 너를 앉히고 나는 돌아오고 싶어
내 것이 된 너의 무엇이 쓰는 나의 일기
갈색 노끈에 묶여있는 가보지 않은 들판

수화

그녀는 허공을 불러 뜻을 만든다
잘 포장된 말씀을 손으로 정성스레 까서 내민다
구수한 사투리까지도 콩깻묵을 살짝 뿌리는지,
맛이 도는 거 같다

겹치거나, 벌리거나, 살짝 두드린다
검지손가락을 볼에 대거나, 손바닥을 가리킨다
입을 막고 귀에다 손을 오므린다
엄지로 머리를 찌르고, 한 손은 차례차례로
공중을 썰며 내려온다
엄지를 위로 세우고,
다른 손으로 세상을 가리키며
반원을 돈다
몸에 감긴 살 같은 걸 푸는 듯한
그녀의 수화를 나는 모른다
그러나 그녀의 모든 손짓 뒤에는
개구쟁이 같은 눈웃음과
뜻보다 더 밝은 둘레가 있다

두 주먹을 모아 가슴에 댄다
그 자리에 하얀 도라지꽃이 핀다

예언

달리는 기차에 대해 예언한다
비 오는 거리에 대해 예언한다
내리막길에 대해, 얼음에 대해,
둘이 손잡고 가는 관계에 대해 예언한다

어제까지의 결과는 온통 신문으로, 책으로,
카메라로, 폐쇄회로로 숨어버렸다
지친 점쟁이들은 오늘도 제단이나 성물에
아무도 모르게 반감을 가진다

세상은 예언에 맞서 점점 더 희박한 확률을 유지한다
언제나 입이 벌어지고 다리가 후들거릴 정도의 결과로
예언을 이긴다
남에게 아무것도 아니라고 말할 정도의 객기와
강심장도 이상하게 심어준다

적잖이 놀랐던 어느 비명과 절망을
예언하지 않은 곳에서

새가 우는 아침을 맞을 거라는 예언은 폐기된다

그러나 어린아이들의 팔다리에
그들의 뒤에서 닫히는 문소리에
그들의 고요한 잠버릇에 예언은 살아있다

붉은 비상벨들이 침착해졌다
한마디 덧붙여도 좋을 불쾌한 소문들에게
아래위로 접점이 되는 손쉬운 스위치들에게
예언은 고개를 치켜든다

시궁창이건, 가스레인지 속이건, 파고들어
조사를 쓰고 있는 컴컴한 얼굴들을 찾아낸다
한 지역, 한 무리 사람들에게 최초의 그 전기 스위치를
영원히 생각나게 하는 전횡도 휘두른다

예언을 확인하는 인간의 등에 홍수에 떠내려가는
표정을 새기기도 한다 떠나지 않는 예언은

체류

우리말이 빨랐나요? 아니면 당신의 반응이 느린가요?
미국 냉장고 월풀의 문 열림 상태를 알리는 경고음 같은 거죠
우리와 다른 그러나 한편은 같은, 시간 외의 초침, 외톨이 발걸음
당신은 첫 경고에 움직일 다리와 사건 현장에서 피해자가 되어
가쁘게 쉴 공기를 아직 가지고 있지 않다는 거죠
누가 시간을 버렸나요? 낭하로 떨어지는 소리는 누구에게 익숙한가요?
손목 위의 시간이야 똑같겠지만 손은 언제나 재빠른 속도를 내는군요
발도 손 못지않게 벌써 신음소리를 냅니다 재빨리 늘어난 가죽힐과
머리카락이 묻어있는 브러쉬, 뚱뚱함을 숨기는 보정 속옷이 시간에 맞게
제자리를 찾고 훌륭한 결과를 보여주네요 애무하고 있는 두 손을 잡아 묶습니다

군데군데 널려진 신음을 주워 모둡니다 갑자기 손을 잡았을 때 두툼함을

알아차린 또는 들켜버린 순간들의 일치만 제외한다면 주전자의 뜨거운 차는

중력대로 나오고 포도송이도 제법 밑으로 드리워지네요 반대의 반대를 말하기 위해

속도를 재봅니다 몇몇 분야는 체류했었고 관여한 것을 숨깁니다

그래서 풍경이 품고 있는 여러 경우의 소리들이 박식해집니다

비라도 오면 파슬리 잎사귀에 스며드는 소리처럼 살아서 증명이 됩니다

당신 이야기

당신이 버리고 간 시간 속에서
무성영화의 화면처럼 몸짓으로만 가득한 당신을 만난다
당신은 고음으로 노래를 부른다
사과를 베어 물며 환하게 웃는다
의젓한 벽난로 옆에서 당신은 기대거나 드러눕는다
당신의 웃음이 낭하에 울린다
곧 울음으로 변하기도 한다
당신은 벽에서 돋아난다
많은 애인에 대하여 이야기해준다
당신이 그려진 액자가 새벽으로 간다
이따금 누가 당신을 부른다
물속 같은 공간으로 달려나가는 당신이 보인다
당신의 머리카락에 손가락들이 들어간다
가을 저녁이 정거장에 보인다
당신은 우리가 모르는 존재에게 애원하며 당신의 표정을 지운다
당신은 교훈들 사이를 표류한다

꽃다발을 들고 불행을 말하는 당신의 입술은 너무 어설프다
눈물을 글썽이며 당신의 상대를 버렸던 이야기를 하려다 만다

어떤 이별

우리는 슬프게 헤어졌다
꽃이 꽃이었을 때까지
햇볕이 잎사귀 그늘을 뚫고 내려와
반투명 그림자로 일렁일 때까지

지금 내리는 빗소리에, 아스팔트에 떨어져
드러눕는 빗소리에 시선이 가지 않고 있다

도로에 굴러다니는 채색된 낙엽들이
옛날 애인의 치마같이 붉다

낙인처럼 이마에 주름이 지면
망설이던 밤들이 숨기던 자기만의 짐들이
무언지 생각난다

양식의 테두리를 옛날이 넘나들면
차를 저으며 마주쳤던 눈들과
나의 생각에 어울리는 당신의 무관심과

우리의 기념일을 축하해줄 아이들이
크기 시작한다

빈 호주머니에서
그때마다 쥐고 놓았던 힘들이 생각난다

애절한 슬픔만이 시대의 장식이 되었다
눌러 말린 꽃잎처럼

낙인처럼 이마에 주름이 지면
반듯하게 설명할 수 없는 과거들이
마음에 바늘 쌈지처럼 꽂혀 있다

머뭇거리던 길 위에 당신과 나는 이미 떠났고
둘이 손잡고 있던 윤곽도 잃어버렸다
거기엔 발언권이 언제나 최우선인
당신의 소식이 있다

말

말이 되지 못하는 것들은 전부 신음소리 같다

어둡고 기다란 골목은 컹컹 개소리가 울릴 것 같고 옆을
흐르는
하천의 깜깜한 수면은 번들거리며 킬킬거리는 거 같다

불빛이 새어나오는 식당에 망사커튼이 흐느적거리고
누가 손짓을 섞어가며 식사를 한다 주인 여자의 그림자
가 휘청거린다

작은 어항에서 열대어들이 물레방아를 놓고 군무를 펼
친다
시선이 따라가다 지친다 누가 더 진지한지 금방 표시가
난다

멀리 고속도로에 장거리를 뛰는 화물차들이 근처까지
굉음을 키우고는
사라진다 가속페달에 꽉 다문 입술이 얹힌다는 게 느껴

진다

하룻밤 유하니 마니 하는 풋사랑들의 실랑이도 여인숙 앞 노란
가로등 아래 잠시 들린다 작게 말하는 큰소리 같다

중늙은이 몇 명 새벽 역 광장에 모이를 뿌린다
낡은 양복에 낡은 넥타이, 영원히 환승할 데가 없다는 걸
반들반들하고 뾰족한 구두가 알고 있다

같은 아침을 맞는 지붕들이 있다 과거 이 도시의 정치적 성향을
아는 사람들은 혀를 차며 고개를 갸우뚱거린다
서글픈 말을 아는 사람들이다

신음처럼 들리는 말이 혀 밑에 있다 여간해서 그 말들은
잎사귀에 다가가지 않는다 천천히 없어진 청각기관에 대해 예의를 차린다

시인의 말

달빛 쏟아지던 들길을 걸으며
허공에다 시를 썼다
몇 구절은 입속의 메아리로 떠돌고
더러는 노래가 되어 가슴을 흔들고
떠나가기도 했다
그 노래들은 어디로 갔을까
눈꽃 만개한 나무들을 지나는 바람소리 곁에서
아니면 술집 작부의 농익은 젓가락 장단 옆에서
모항으로 들어오는 저녁나절의 고깃배처럼
고즈넉해 있을지도 모른다
그렇게 사라지고 마는 무언극을 모아
여기 자그마한 흔적을 남긴다

2014년 초가을
김영수

감사해요 동전들

2014년 9월 16일 초판 1쇄 찍음
2014년 9월 23일 초판 1쇄 펴냄

지은이 _ 김영수
펴낸이 _ 양문규
펴낸곳 _ 詩와에세이

신고번호 _ 제319-2005-000014호
주소 _ (120-865) 서울시 서대문구 북아현로 16길 7 2층
대표전화 _ (02) 324-7653, 070-8877-7653
팩시밀리 _ 0505-116-7653
휴대전화 _ 010-5355-7565
전자우편 _ sie2005@naver.com
공 급 처 _ 한국출판협동조합
주문전화 _ (070) 7119-1741~2
팩시밀리 _ (031) 944-8234~6

ISBN 978-89-92470-96-4 03810